W0226784

101 Fragen an mich selbst

ALINA ROTH

„Wer lebt ohne zu fragen, lebt nicht wirklich."
- Platon

Inhalt

?

Vorwort

Dieses Buch lässt sich am besten durch das Zitat beschreiben:

„Ein Weiser gibt nicht die richtigen Antworten, aber er stellt die richtigen Fragen.“

Im Laufe des Buches werden dir 101 Fragen gestellt. Fragen, die dir neue Impulse für dein Leben geben. Fragen, die spannende Erkenntnisse über dich selbst offenbaren. Fragen, die du ehrlich beantworten solltest, auch wenn es vielleicht weh tun könnte.
Das Buch unterteilt sich in folgende Kapitel:

- Kapitel 1: *Fragen zu deiner Vergangenheit*
- Kapitel 2: *Fragen zu deinen zwischenmenschlichen Beziehungen*
- Kapitel 3: *Fragen zu deiner aktuellen Lebenslage*
- Kapitel 4: *Fragen zum Thema Selbstliebe*
- Kapitel 5: *Fragen zum Thema Dankbarkeit*
- Kapitel 6: *Fragen zum Thema Achtsamkeit*
- Kapitel 7: *Fragen zu deiner Zukunft*

In jedem der Kapitel findest du spannende Übungen zur Selbstfindung sowie wundervolle Gedanken und Zitate, die zum Nachdenken anregen und das Herz berühren.

Das Buch hat auch noch ein weiteres Ziel:

Es soll dich an deinen unbeschreiblichen Wert erinnern. Es soll dir sichtbar machen, dass du tiefste Liebe und größtes Glück verdienst. Es soll dir zeigen, dass du einzigartig, liebenswert und wichtig für diese Welt bist. Und zwar genauso wie du bist. Vergiss das niemals, auch nicht in den schwierigen Momenten deines Lebens.

Mit diesem Buch beginnst du die wichtigste Reise, die es in deinem Leben gibt:
Die Reise zu dir selbst. Du wirst dein inneres Ich neu entdecken und Seiten von dir kennen lernen, die schon lange Zeit im Verborgenen waren. Du wirst dir über deine Wünsche und Träume bewusst werden. Du wirst dich und dein Leben besser verstehen können.

Die Antworten auf die wichtigsten Fragen in deinem Leben findest du in dir selbst. Denn am Ende bist nur du in der Lage, dein eigenes Herz zu öffnen. Alles, was du brauchst um wirklich glücklich zu sein, trägst du bereits in dir.

Hinweis: Du wirst von diesem Buch am meisten profitieren, wenn du für einen Moment den Stress des Alltags hinter dir lässt. Begib dich deshalb an einen ruhigen Ort, an dem dich niemand stören kann und du dich vollkommen auf dich selbst fokussieren kannst.

Halte für einen Moment inne und höre darauf, was dir dein Herz zu sagen hat. Dieses Buch wird dir dabei helfen.

Bevor es richtig losgeht, beginnen wir mit der ersten Frage:

?… *Wirst du die Fragen in diesem Buch ehrlich beantworten, auch wenn es unangenehm oder sogar schmerzhaft ist?*

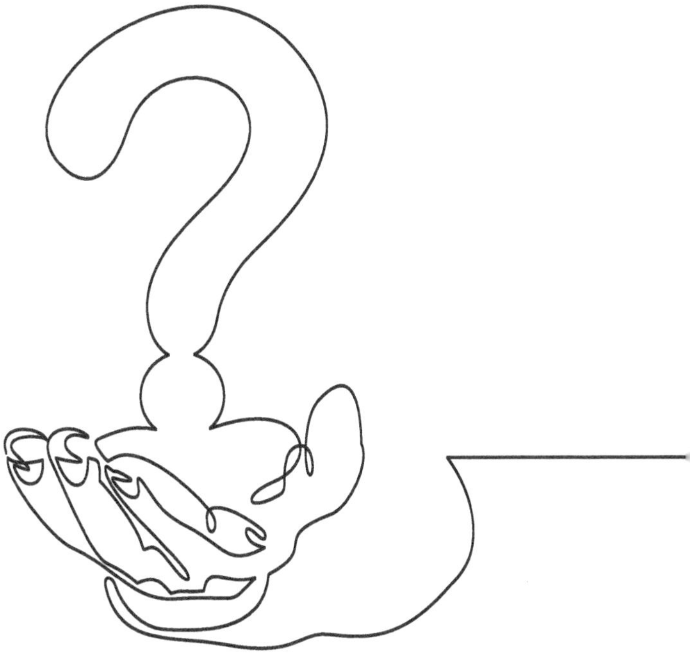

Kapitel 1

?

Fragen zu deiner Vergangenheit

Wir beginnen mit einer Reise in deine Vergangenheit. Doch warum solltest du auf deine Vergangenheit noch mal genauer zurückschauen? Der Grund dafür ist, dass deine Vergangenheit in gewisser Weise auch noch heute relevant für dich ist. Sie ist ein Teil von dir.
Sie prägte dich, sie formte dich und machte dich über die Jahre und Jahrzehnte zu der Person, die du heute bist. Nur wer die Vergangenheit versteht, kann auch die Gegenwart verstehen und für die Zukunft planen.

Wie eine Achterbahn besteht das Leben aus Höhen und Tiefen. Mal ist man oben und spürt größtes Glück. Mal ist man unten und spürt tiefste Trauer.
Mit dieser Übung findest du die bisherigen Höhe- und Tiefpunkte deines Lebens.

?... *Was waren die drei Höhepunkte deines Lebens?*

Hier sind einige Sätze, die dir dabei helfen können, deine Höhepunkte zu finden:

- Das Schönste, das ich je gesehen habe, ist ...
- Der schönste Tag meines Lebens war ...
- Mit diesem Menschen fühle ich mich glücklich ...
- Meine schönste Kindheitserinnerung ist ...
- Meine schönste Reise war ...

- Diese Worte haben mich besonders berührt...
- Besonders stolz bin ich auf ...
- Ich werde nie den Moment vergessen, als ...
- Ich bin froh, diesen Menschen getroffen zu haben ...

1. "Ich bin stolz auf dich"
2. Auto, Motorrad, Katzen
3. Meine Beziehung

Beantworte zu jedem Höhepunkt nun folgende Fragen:

?... *Wie oft erinnerst du dich an den Höhepunkt? Täglich, wöchentlich, monatlich, jährlich?*

Bist du oft genug dankbar für diesen Höhepunkt?

Was hast du aus dem Höhepunkt gelernt?

Wirkt sich der Höhepunkt noch heute auf dein Leben aus? Wenn ja, wie?

Wenn bei dem Höhepunkt ein anderer Mensch eine Rolle spielt:

?… *Hast du noch Kontakt zu diesem Menschen?*

Verbringst du genug Zeit mit diesem Menschen?

Gibt es etwas, das du diesem Menschen sagen solltest?

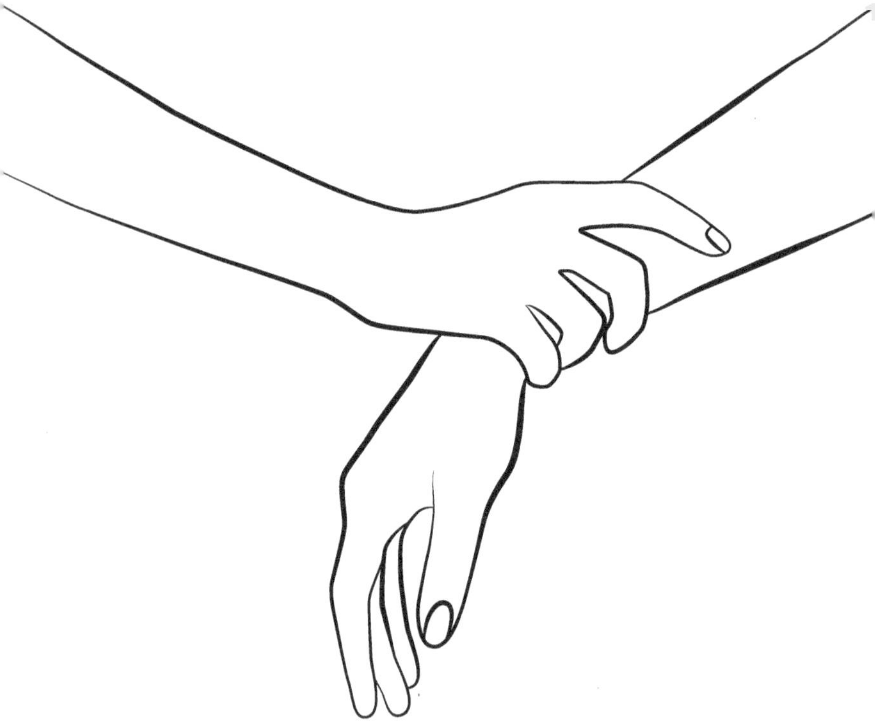

Auch wenn es schmerzhaft ist, bitte beantworte nun die folgende Frage:

?… *Was waren die drei Tiefpunkte deines Lebens?*

Hier sind einige Sätze, die dir dabei helfen können, deine Tiefpunkte zu finden:

- Ich musste weinen als …
- Mein schlimmster Tag war …
- Diese Person vermisse ich sehr …
- Ich schäme mich für …
- Mein größter Fehler war …
- In dieser Zeit habe ich mich besonders schlecht gefühlt …
- Diese Worte haben mich sehr verletzt …
- Ich wurde ungerecht behandelt, als …

1. Mein Vater gestorben ist

2. "Du kannst nichts, du bist nichts"

3. Er mich so verletzt hat

Beantworte nun zu jedem deiner Tiefpunkte folgende Fragen:

?... *Wie oft erinnerst du dich an den Tiefpunkt? Täglich, wöchentlich, monatlich, Jährlich?*

Was hast du aus dem Tiefpunkt gelernt?

Wirkt sich der Tiefpunkt noch heute auf dein Leben aus? Wenn ja, wie?

Würdest du heute anders reagieren, wenn es noch mal zu dem Tiefpunkt kommen würde?

Wenn bei dem Tiefpunkt ein anderer Mensch eine Rolle spielt:

?... *Hast du noch Kontakt zu diesem Menschen?*

Gibt e etwas, das du diesem Menschen sagen solltest?

Egal wie sehr wir es uns wünschen:
Was gewesen ist, lässt sich nicht ändern. Daher ist es wichtig nach vorne zu schauen. Mach deinem früheren Ich keine Vorwürfe. Damals wusstest du nicht, was du heute weißt. Verzeihe dir und schließe Frieden mit

deiner Vergangenheit. Habe Geduld mit dir.
Manche Dinge brauchen Zeit.

„Die Summe unseres Lebens sind die Stunden, wo wir lieben."
- Wilhelm Busch

Manchmal geht einfach alles schief. Es gibt schlechte Tage, an denen es uns so vorkommt, als könne nichts funktionieren, egal wie sehr wir uns anstrengen. Gerade dann ist es wichtig, zu verstehen:
Es ist okay, wenn mal etwas nicht gut läuft. Es ist in Ordnung, Probleme zu haben. Diese gehören zum Menschsein dazu. Ebenso wie die schönen Momente. Könnten wir das Gute noch wertschätzen oder überhaupt erkennen, wenn es das Schlechte nicht gäbe? Könnte man die Sterne sehen ohne die Finsternis?

Bevor du anfängst, schlechte Gefühle wie Angst, Trauer oder Wut zu unterdrücken und dir wünschst, sie würden verschwinden, denke daran, dass alle Gefühle gefühlt werden sollen. Hör auf zu unterdrücken und beginne neu zu bewerten. Wenn man negative Emotionen unterdrückt, kommt es oft dazu, dass diese Emotionen irgendwann stärker als zuvor zurückkehren. Daher ist es besser, seine Emotionen neu zu bewerten. Dies verändert die Art und Weise, wie du über eine negative Emotion denkst.

Wenn du beispielsweise einen Fehler gemacht hast und enttäuscht bist, kannst du dir klar machen, dass es eine wertvolle Lernerfahrung war. Dies fördert eine Wachstumsmentalität, die laut Studien gesündere Beziehungen zu Emotionen fördert. Jeder Fehler bietet die Chance, eine wertvolle Lektion zu lernen.

„Wenn sich eine Tür schließt, öffnet sich eine andere Tür, aber wir schauen oft so lange und so bedauernd auf die geschlossene Tür, dass wir die nicht sehen, die sich für uns öffnen." - Alexander Graham Bell

?... *Gab es schlechte Dinge in deinem Leben, die im Nachhinein sogar positiv waren?*

„Ich habe vieles über das Leben gelernt, aber das Wertvollste war: Es geht weiter."

- Brigitte Bardot

Du hast dir soeben noch mal einen Überblick über dein Leben verschafft. Du hast dir nochmals deine schönsten Momente, wie auch deine schlimmsten Erfahrungen vor Augen geführt. Bevor der Blick in deine Vergangenheit endet, beantworte abschließend noch folgende Fragen:

?… *Was würdest du als deinen größten Erfolg bezeichnen?*

Was würdest du als deinen größten Misserfolg bezeichnen?

Was würdest du deinem jüngeren Ich mit auf den Weg geben?

Was hättest du gern zehn Jahre früher gewusst?

Was ist die wichtigste Lektion, die du für dein Leben gelernt hast?

Was war ein Wendepunkt in deinem Leben, mit dem ein neues Kapitel in deiner Lebensgeschichte begonnen hat?

Hiermit endet der Blick in deine Vergangenheit. Hoffentlich konntest du auf viele schöne Momente zurückblicken. Mit großer Wahrscheinlichkeit wird es leider aber auch einige Momente gegeben haben, die schmerzhaft waren. Aber auch diese gehören zum Leben dazu. Ohne Schlechtes, gäbe es nichts Gutes. Und was wäre ein Leben ohne Ecken und Kanten?

Kapitel 2

?

Fragen zu deinen zwischenmenschlichen Beziehungen

In diesem Kapitel geht es um deine Beziehungen zu anderen Menschen. Es geht um deine Familie, deine Freunde und alles drumherum.

Menschen kommen und gehen. Manche begleiten uns ein ganzes Leben, andere hingegen teilen nur einen kurzen Lebensabschnitt mit uns. Manche Menschen beflügeln und bereichern uns, andere hingegen machen uns traurig oder gar wütend.

Die ersten Personen, mit denen wir in Berührung kommen, sind für gewöhnlich unsere Eltern.
Wir haben uns diese zwar nicht ausgesucht, aber dennoch gehören sie während der Kindheit (und oft auch noch für den Rest des Lebens) zu den wichtigsten Menschen in unserem Leben.

?... *Welche drei Worte fallen dir zu deiner Mutter ein?*

Welche drei Worte fallen dir zu deinem Vater ein?

Welche drei Worte fallen dir zu deiner Kindheit ein?

Wir teilen mit unseren Eltern unsere genetische Veranlagung. Deswegen ähneln wir unseren Eltern oft in vielerlei Hinsicht. Wir sehen meist ähnlich aus und haben oft gemeinsame Interessen, Talente und sogar Charakterzüge. Aber es gibt auch viele Aspekte, in denen wir völlig anders sind als unsere Eltern.

?... *In welchen Punkten bist du deiner Mutter ähnlich? In welchen Punkten unterscheidest du dich von deiner Mutter?*

In welchen Punkten bist du deinem Vater ähnlich? In welchen Punkten unterscheidest du dich von deinem Vater?

?... *Wie gut war das Verhältnis zu deinen Eltern in deiner Kindheit und Schulzeit?*

Je mehr Schichten du ausmalst, desto besser war dein Verhältnis zu Mama/Papa.

?... *Wie gut ist dein Verhältnis zu deinen Eltern heute?*

Je mehr Schichten du ausmalst, desto besser ist dein Verhältnis zu Mama/Papa heute.

Niemand von uns wäre heute hier, ohne unsere Eltern. Sie haben für uns gesorgt, als wir noch nicht allein für uns sorgen konnten. Sie haben uns unterstützt, sowohl moralisch wie auch finanziell. Zu unseren ersten Worten gehörten „Mama“ und „Papa“.
Es gibt keine perfekten Menschen und daher machen auch Eltern Fehler. Dennoch geben uns Eltern das wichtigste und schönste, was es auf der Welt gibt: Bedingungslose Liebe.

„Wir kennen die Liebe der Eltern nicht, bis wir selbst Eltern werden.“ - Henry Ward Beecher

Beantworte nun folgende Fragen zu deiner Mutter und deinem Vater:

?... *Wofür bist du Mama dankbar?*

Wofür willst du dich bei Mama entschuldigen?

Was war dein schönstes Erlebnis mit Mama?

Was hätte Mama bei deiner Erziehung anders machen sollen?

Was würdest du Mama sagen, wenn du sie heute zum letzten Mal sehen würdest?

Falls deine Mutter bereits verstorben ist: Was würdest du ihr sagen, wenn du sie wieder sehen würdest?

„Zwei Dinge sollten Kinder von ihren Eltern bekommen: Wurzeln und Flügel." - Johann Wolfgang von Goethe

?... *Wofür bist du Papa dankbar?*

Wofür willst du dich bei Papa entschuldigen?

Was war dein schönstes Erlebnis mit Papa?

Was hätte Papa bei deiner Erziehung anders machen sollen?

Was würdest du Papa sagen, wenn du ihn heute zum letzten Mal sehen würdest?

Falls dein Vater bereits verstorben ist: Was würdest du ihm sagen, wenn du ihn wieder sehen würdest?

„Es ist viel einfacher, Vater zu werden, als Vater zu sein." - Kent Nerburn

Die Familie ist für viele Menschen das Wichtigste im Leben. Sie steht an erster Stelle, komme was wolle. Es ist ein Bund der durchs Blut verbindet und ein Leben lang besteht.

?... *Was ist das Wichtigste, das du von deinen Eltern gelernt hast?*

Was machst du anders als deine Eltern?

Willst du mal Kinder haben? Wieso (nicht)? Wenn du schon Kinder hast: Würdest du dich wieder dafür entscheiden?

„Kinder lieben zunächst ihre Eltern blind, später fangen sie an, diese zu beurteilen, manchmal verzeihen sie ihnen sogar."
- Oscar Wilde

„Ein Kind kann einem Erwachsenen immer drei Dinge lehren: grundlos fröhlich zu sein, immer mit irgendetwas beschäftigt zu sein und nachdrücklich das zu fordern, was es will." - Paulo Coelho

Vergeben

Ein wichtiger Teil des Lebens ist auch die Fähigkeit zu vergeben. Zum einen geht es darum, anderen zu vergeben. Aber noch viel wichtiger ist es, sich selbst zu vergeben.

> *„Vergebung ist die finale Form der Liebe."*
>
> *- Reinhold Niebuhr*

Vergib dir selbst

Es gibt keinen Menschen, der fehlerfrei durchs Leben geht. Wir bereuen Dinge und denken darüber nach, was wir anders hätten machen sollen. Vielleicht haben wir einen anderen Menschen körperlich oder seelisch verletzt. Vielleicht haben wir etwas gesagt, das wir am liebsten zurücknehmen würden. Vielleicht haben wir in unserem Berufsleben oder Privatleben einen falschen Weg eingeschlagen.

?... *Was waren die größten Fehler, die du in deinem Leben gemacht hast?*

Was auch immer deine Fehler waren. Akzeptiere sie, denn sie sind ein Teil von dir. Verstehe, dass nichts und niemand perfekt ist. Du hast sicherlich getan, was du in diesem Moment für richtig gehalten hast.
Wir alle machen Fehler. Wir alle haben Ecken und Kanten. Gerade diese machen uns einzigartig und besonders.

?... *Vergibst du dir selbst?*

„Der Schwache kann nicht verzeihen.
Verzeihen ist eine Eigenschaft des Starken." - Gandhi

Vergib anderen

Du wurdest sicherlich von anderen Menschen schon mal schlecht behandelt. Leider gehört auch dies zum Leben dazu. Vielleicht waren es Mitschüler oder

Arbeitskollegen, die dich verletzt haben. Vielleicht waren es Freunde oder Partner, die dich hintergangen haben. Vielleicht waren es sogar Familienmitglieder, die dich lieben. Hier hast du die Möglichkeit ihnen zu vergeben.

?... *Wer sind die Menschen, die dich seelisch verletzt oder schlecht behandelt haben?*

Wer hat dir in deinem Leben am heftigsten wehgetan?

Spürst du die Verletzungen noch immer in deinem Herzen oder ist der Schmerz verschwunden?

Willst du diesen Menschen vergeben?

Natürlich liegt es in deiner Hand, ob du ihnen vergeben willst bzw. kannst. Im Allgemeinen ist es jedoch ratsam, anderen Menschen ihre Fehler zu vergeben. Nicht unbedingt ihretwegen, sondern deinetwegen. Ungeklärte Konflikte der Vergangenheit, Schuldzuweisungen und der Wunsch nach Rache sorgen für Stress, Verbitterung und Frust.

Wir verlieren unsere eigene Mitte und Lebensfreude, wenn wir nicht vergeben. Vergebung ist ein Geschenk, welches du dir selbst machen kannst. Vergeben heißt, sich von den Fesseln der Vergangenheit zu befreien. Sobald du vergibst, wirst du merken, dass du die Hände wieder frei hast für etwas Neues. Du wirst dich dadurch leichter fühlen. Auch wenn du schlechte Erfahrungen in deinem Leben gemacht hast, gehören diese zu deinem Leben dazu. Du bist an ihnen gewachsen und sie haben dich zu dem Menschen gemacht, der du heute bist.

Freundschaften verschönern das Leben.
Freunde werden in deinem Leben kommen und gehen. Egal wie lange deine Freundschaften andauern, das Wichtigste ist, dass deine Freunde dich so akzeptieren, wie du bist. Eine gute Freundin oder ein guter Freund hält das Wort und zeigt, dass sie oder er sich um dich kümmert – im Großen und im Kleinen.

Verbringe Zeit mit Menschen, bei denen du ganz du selbst sein kannst. Wie ist dein Umfeld? Umgibst du dich mit Menschen, die dich zum Strahlen bringen? Du musst nicht mit Menschen zusammen sein, die dich herunterziehen und auslaugen. Du hast die freie Wahl, wem du deine Zeit und Aufmerksamkeit schenkst. Schließlich ist es DEIN Leben.

?… *Was bedeutet Freundschaft für dich?*

Wer sind deine besten Freunde?

Was schätzt du an deinen Freunden?

Wie würden dich deine Freunde beschreiben?

Kannst du auch mit Leuten befreundet sein, die vollkommen anders denken als du?

Umgib dich mit Menschen, die dich unterstützen, die an dich glauben. Versuche, deine Zeit mit Menschen, die dich niederdrücken, herunterziehen oder schlechtmachen, zu begrenzen.

?... *Mit welchen Menschen solltest du mehr Zeit verbringen?*

Mit welchen Menschen solltest du weniger Zeit verbringen?

Eine Beziehung zu einem Menschen baut man nicht in Tagen, Wochen oder Monaten auf, sondern in Momenten.

?... *Was waren deine schönsten Momente mit deinen Liebsten?*

Im Grunde sind es doch die Verbindungen mit Menschen, die dem Leben seinen Wert geben.“

- Wilhelm von Humboldt

Liebe

Liebe muss nicht perfekt sein – nur echt.
Das schönste Geschenk ist jemand,
der dich in dem Arm nimmt und sagt:
Was auch immer passiert,
ich bin immer an deiner Seite!

„Liebe ist nicht das, was man erwartet zu bekommen, sondern das, was man bereit ist zu geben.“
- Katharine Hepburn

?... *Bist du mit deinem Liebesleben zufrieden?*

Was hättest du in deinem Liebesleben gerne anders?

Kapitel 3

?

Fragen zu deiner aktuellen Lebenslage

In diesem Kapitel werden dir eine Reihe von Fragen über dich selbst und deine Gewohnheiten gestellt. Die folgenden Fragen verschaffen dir Klarheit über dein Leben im Hier und Jetzt. Du erhältst einen Überblick und kannst sehen, wo dir vielleicht Dinge fehlen.

Versuche jede Frage so genau und ehrlich wie möglich zu beantworten, auch wenn die Frage vielleicht einen wunden Punkt trifft und es schmerzt.

?...	Stimme gar nicht zu	Stimme voll zu
Findest du dich gutaussehend?	├───┼───┼───┼───┤	
Hast du genügend gute Freunde/ Freundinnen?	├───┼───┼───┼───┤	
Schläfst du gut?	├───┼───┼───┼───┤	
Bist du gesund?	├───┼───┼───┼───┤	
Lachst du viel?	├───┼───┼───┼───┤	
Weinst du selten?	├───┼───┼───┼───┤	
Bist du zufrieden mit deinem Beziehungsstatus?	├───┼───┼───┼───┤	

Bist du zufrieden mit deinem Einkommen?

Kann man sich auf dich verlassen?

Ist dein Leben voller Abwechslung und Abenteuer?

Nimmst du dir genug Zeit für dich selbst?

Bist du nur selten gestresst?

Bist du zufrieden mit deinem Beruf/ deiner Ausbildung?

Ernährst du dich abwechslungsreich und ausgewogen?

Bist du glücklich und zufrieden mit dir selbst und deinem Leben?

Abschließend noch zwei letzte Fragen:

?... *Welche Note würdest du deinem Leben in den letzten 3 Monaten geben?*

1 2 3 4 5 6

Welche Note würdest du deinem Leben in den letzten 3 Jahren geben?

1 2 3 4 5 6

„Wir alle haben zwei Leben.
Das Zweite beginnt,
wenn wir realisieren,
dass wir nur Eins haben."
- Tom Hiddleston

Betrachte die einzelnen Lebensbereiche. Je zufriedener du mit einem bestimmten Bereich bist, desto mehr Felder darfst du ausmalen.

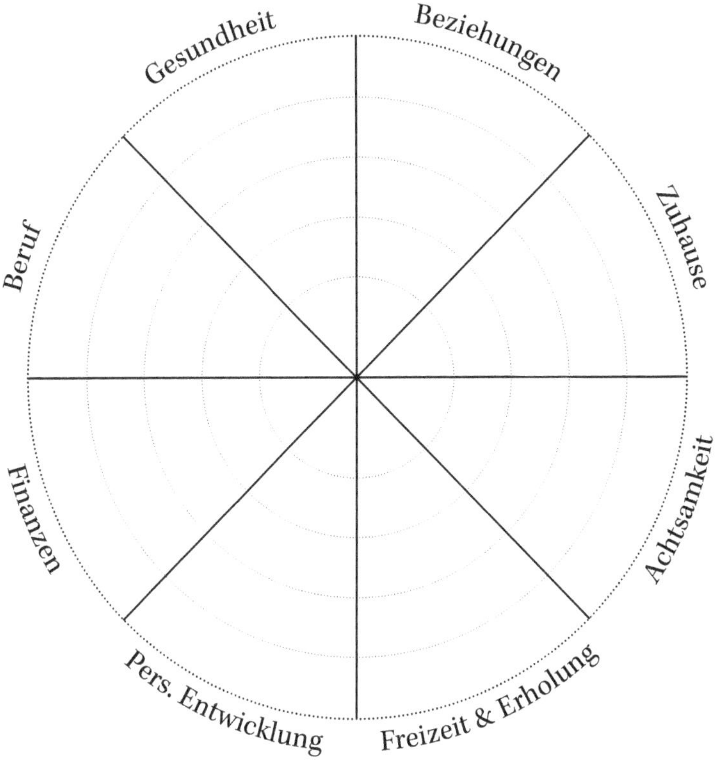

In welchem Bereich siehst du dein größtes Problem?

Welche Lebensfelder könnten noch mehr Farbe vertragen?

In der folgenden Übung geht es darum zu ermitteln, was dir wirklich wichtig ist. Lese die folgende Liste aufmerksam durch und beantworte dann die Fragen.

Ruhm	Gerechtigkeit	Ruhe
Macht	Bescheidenheit	Wahrheit
Ansehen	Dankbarkeit	Wissen
Liebe	Freiheit	Spontanität
Familie	Disziplin	Spaß
Freunde	Religion	Abwechslung
Gewinnen	Glaube	Sicherheit
Anerkennung	Dominanz	Harmonie
Gesundheit	Frieden	Reichtum
Nachhaltigkeit	Geld	Glück
Empathie	Ehrlichkeit	Perfektion
Natur	Loyalität	Zärtlichkeit
Tiere	Leistung	Pünktlichkeit
Kinder	Abenteuer	Reisen
Ordnung	Einzigartigkeit	Spiritualität

?... *Welche drei Worte, die in der Liste stehen, sind dir am wichtigsten?*

Hast du dein bisheriges Leben nach diesen Worten ausgerichtet?
Oder waren es vielmehr ganz andere Werte und Vorstellungen, die dein Leben bisher bestimmt haben?

Oftmals merken wir gar nicht, dass unser Leben von anderen Worten bestimmt wird als von denen, die uns eigentlich am wichtigsten sind. So jagen viele Reichtum und Ruhm hinterher, obwohl sie eigentlich Familie und Ruhe mehr wertschätzen. Ein weiteres Problem kann sein, dass wir unser Leben nicht nach unseren eigenen Werten ausrichten, sondern nach den Vorstellungen anderer, wie z.B. der Meinung der Eltern, der Freunde, der Bekannten oder der Gesellschaft.

?... *Welches Wort hat dein Leben bisher am meisten beeinflusst? Auf welche Weise?*

„Durch Worte lernen wir Gedanken, und durch Gedanken lernen wir das Leben."

- Jean Baptiste Girard

„Ändere deine Sprache und du änderst deine Gedanken."

- Karl Albrecht

Worte

Worte gehören zu den mächtigsten Werkzeugen, die Menschen besitzen. Sie können inspirieren, heilen und Menschen zusammenbringen, aber sie können auch verletzen, spalten und Schaden anrichten. Deshalb ist es so wichtig, die Worte, die wir verwenden, genau unter die Lupe zu nehmen und zu sehen, wie sie unser tägliches Leben beeinflussen.

Worte haben die Macht, unsere Wahrnehmung und unseren Glauben an uns selbst und an die Welt um uns herum zu prägen. Wenn wir positive, aufmunternde Worte verwenden, können sie dazu beitragen, unser Selbstvertrauen und unser Selbstwertgefühl zu stärken, während negative Worte den gegenteiligen Effekt haben können. Wenn wir uns zum Beispiel ständig sagen, dass wir nicht gut genug sind oder nie Erfolg haben werden, fangen wir an, das zu glauben. Wenn wir uns jedoch auf unsere Stärken und Fähigkeiten konzentrieren, fühlen wir uns eher selbstbewusst und kompetent.

Worte können auch einen erheblichen Einfluss auf unsere Beziehungen zu anderen haben. Wenn wir Worte verwenden, um Freundlichkeit, Einfühlungsvermögen und Verständnis auszudrücken, können wir starke, bedeutungsvolle Beziehungen zu anderen aufbauen. Wenn wir hingegen Worte verwenden, um zu kritisieren, zu beurteilen oder anzugreifen, können wir Spaltungen verursachen und Schaden anrichten. Deshalb ist es so wichtig, unsere Worte mit Bedacht zu wählen und so zu sprechen, dass wir anderen gegenüber respektvoll und rücksichtsvoll sind.

Worte können auch unsere Gedanken und unser Verhalten prägen und die Art und Weise beeinflussen, wie wir Herausforderungen und Chancen angehen. Wenn wir zum Beispiel Worte wie „Ich kann nicht" oder „Es ist unmöglich" verwenden, werden wir eher aufgeben, wenn wir auf Hindernisse stoßen. Wenn wir jedoch Worte wie „Ich werde es versuchen" oder „Ich werde es schon schaffen" verwenden, werden wir eher durchhalten und Lösungen finden.

?... *Achtest du auf deine Worte und welchen Einfluss sie auf dich und andere haben können?*

„Worte sind das mächtigste Werkzeug im Universum. Worte sind wie Behälter: Sie enthalten Glauben oder Angst, und sie produzieren nach ihrer Art."
- Charles Capps

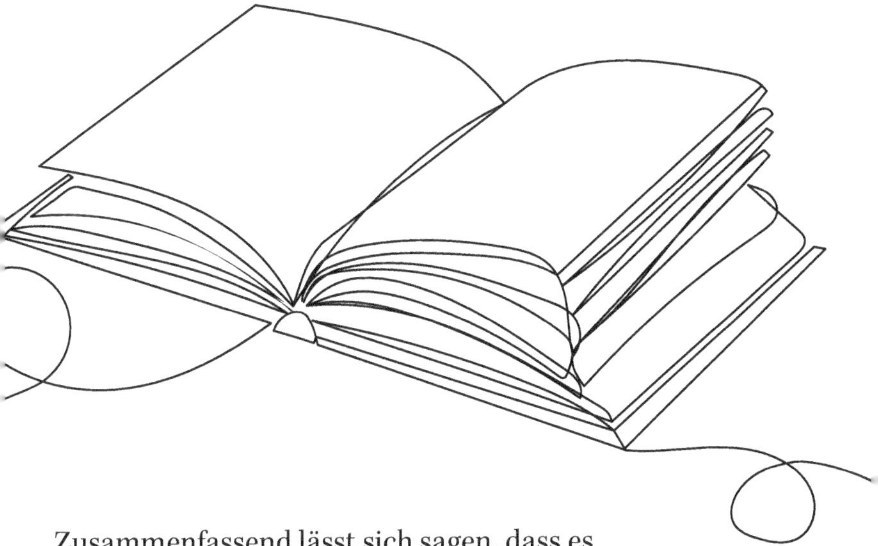

Zusammenfassend lässt sich sagen, dass es unglaublich wichtig ist, darauf zu achten, wie wir zu uns selbst und anderen Menschen sprechen.
Wenn wir unsere Worte mit Bedacht wählen und auf eine positive, respektvolle und ermutigende Art und Weise kommunizieren, können wir unser eigenes Leben und das Leben der Menschen um uns herum nachhaltig beeinflussen.

Kapitel 4

?

Fragen zum Thema Selbstliebe

In diesem Kapitel findest du kraftvolle Worte, die dich an deine wundervolle Einzigartigkeit erinnern.
Habe Mut, du selbst zu sein. Niemand ist wie du und das ist deine Stärke. Liebevolle Worte kann man nicht oft genug hören. Daher nimm dir regelmäßig dieses Buch zur Hand und lese darin. Lass die positiven Botschaften in dein Herz und fühl dich geliebt.
Du hast es verdient.

„Wer mit sich selbst in Frieden leben will, muss sich so akzeptieren, wie er ist." - Selma Lagerlöf

Die wichtigste Liebesbeziehung in deinem Leben ist die zu dir selbst. Selbstliebe hat nichts mit Egoismus zu tun – im Gegenteil: Du kannst nur dann stark für andere sein, wenn du auch für dich selbst gut sorgst. Indem du dich in Selbstliebe übst, bringst du innere Stärke und emotionale Ausgeglichenheit in dein Leben.

?... *Liebst du dich selbst?*

Falls du diese Frage mit Nein beantwortet hast, lass dir folgendes sagen:

Du bist liebenswert. Jeder Mensch soll geliebt werden und verdient es, mit Freundlichkeit und Respekt behandelt zu werden. Du hast einen eigenen Wert als menschliches Wesen, und du verdienst es, so geliebt und akzeptiert zu werden, wie du bist. Es ist wichtig, sich daran zu erinnern, dass du nicht durch deine Fehler oder Unzulänglichkeiten definiert wirst und dass du zu Wachstum und Veränderung fähig bist. Du verdienst es, glücklich zu sein. Lass dir nie von jemandem etwas anderes sagen.

Du bist mehr als dein Job, dein Vermögen und dein Aussehen. Du bist mehr als das, was man greifen und sehen kann. Was dich ausmacht, ist dein wunderbares Selbst und das ist es wert, bedingungslos geliebt zu werden. Du musst dir keine Liebe verdienen. Du bist wundervoll, so wie du bist.

„Schönheit beginnt in dem Moment,
in dem du beschließt,
du selbst zu sein."
- Coco Chanel

Selbstliebe ist erlernbar. Im Unterschied zu unbewusst und spontan auftretenden Gefühlen wie Wut, Ekel oder Angst, ist Selbstliebe ein lebensbegleitendes Grundgefühl. Sie ist eine Einstellung und Haltung, auf die wir Einfluss nehmen und uns durch Übung aneignen können.

Schenke dir Selbstliebe. An Menschen, die wir lieben, verschenken wir Blumen, machen Komplimente oder organisieren besondere Momente. Doch was ist mit der Liebe zu uns selbst? Selbstliebe bedeutet, dass du auch dir selbst mit dem Respekt und der Wertschätzung begegnest, die du ganz selbstverständlich deinen Liebsten erweist.

?... *Was kannst du dir selbst schenken?
Denke dabei nicht nur an Materielles.
Sagst du dir selbst manchmal:
„Das hast du gut gemacht!"?
Oder bist du zu kritisch mit dir selbst?*

„Wir können uns selbst nicht erkennen, wenn wir uns nicht lieben. Und nur die Liebe lässt uns tiefer in uns eindringen und erkennen, wer wir in Wahrheit sind. Sich selbst zu lieben ist etwas anderes, als um sich selbst zu kreisen."
- Anselm Grün

Selbstliebe bedeutet sich selbst zu geben, was man braucht. Was brauchst du heute? Ist es Ruhe, Bewegung, gesundes Essen, ein Treffen mit Freunden? Spüre genau hin und höre auf deinen Körper. Wir allen haben schon mal den Spruch gehört: Erst die Arbeit, dann das Vergnügen. Diese Art zu denken, kann uns aber auch zu sehr unter Druck setzen. Wir geben sowieso ständig unser Bestes. Daher sollte Genuss und Vergnügen ein fester Bestandteil unseres Alltags sein.

?... *Womit kannst du dir heute eine Freude machen?*

Menschen, die mit sich selbst im Reinen sind und sich selbst lieben, umgibt eine positive Aura.
Wie man aussieht, welche Kleidung man trägt und andere Äußerlichkeiten rücken in den Hintergrund. Jeder Mensch ist wunderschön, wenn er im Einklang mit seinem Inneren ist. Es ist nicht hilfreich, sich den ganzen Tag mit unerreichbaren Schönheitsidealen zu umgeben. Fernsehen, soziale Medien und Zeitschriften: Konsumiere nicht, was dich unglücklich macht und dich an deinem Körper zweifeln lässt.

Vergleiche dich nicht immer mit anderen. Es kann Neid entstehen, wenn du denkst, jemand anders habe es viel besser als du. Es kann auch Arroganz entstehen, wenn du auf andere Menschen herabblickst, die es schlechter

haben als du. Keines von beidem wird dich glücklich machen, sondern deine Gedanken und Beziehungen zu anderen Menschen belasten. Aus diesem Grund wird auch oft empfohlen, sich weniger in den sozialen Netzwerken zu bewegen. Viele Bilder, die zum Beispiel auf Facebook, Instagram und Co. hochgeladen werden, laden geradezu dazu ein, neidisch zu werden.
Sie zeigen bewusst nur die besten Seiten des Lebens.

?... *Hast du das Gefühl, zu viel Zeit in den sozialen Medien zu verbringen?*

Hast du das Gefühl, dass dich die sozialen Medien glücklicher machen?

Hast du mal bewusst eine Zeit auf soziale Medien wie Instagram, Facebook und Co. verzichtet? Wenn ja, wann war das und wie hast du dich währenddessen gefühlt?

Empfehlung: „Digital Sabbat"

Der Digital Sabbat ist eine Praxis, bei der man einen Tag in der Woche auf digitale Technologie wie Fernseher, Smartphone und Co. verzichtet. Das Ziel ist es, die Bildschirmzeit zu verkürzen, damit man diese Zeit damit verbringen kann, nachzudenken, mehr Zeit mit Familie und Freunden zu verbringen, etwas anderes auszuprobieren oder sich einfach nur auszuruhen. In einer Gesellschaft, die rund um die Uhr läuft, ist der digitale Sabbat befreiend und eine wunderbare Möglichkeit, sich mal eine Auszeit zu gönnen.

?... *Könntest du eine Woche auf das Internet verzichten?*

„Das Große ist nicht, dies oder das zu sein, sondern man selbst zu sein." - Soren Kierkegaard

„Sei eine erstklassige Ausgabe deiner selbst, keine zweitklassige von jemand anderem." - Judy Garland

Die Happiness Curve

Die „Happiness Curve“, ist ein bekanntes Phänomen in der Psychologie und Soziologie, dass das allgemeine Muster des Glücksniveaus über die Lebensspanne eines Menschen beschreibt. Die Kurve hat die Form eines U, wobei das Glücksniveau in der Kindheit hoch ist, im jungen Erwachsenenalter abnimmt und dann im Alter allmählich ansteigt.

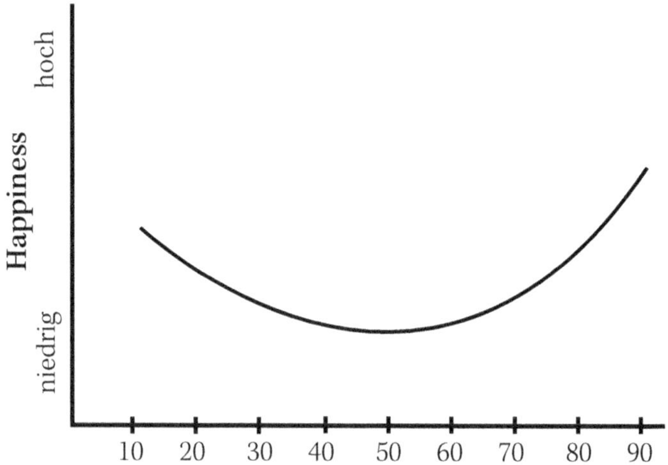

Die Form der Glückskurve kann auf eine Reihe von Faktoren zurückgeführt werden, darunter Veränderungen der Lebensumstände, der körperlichen und emotionalen Gesundheit, der Beziehungen und der allgemeinen Lebenszufriedenheit.

In der Kindheit sind die Menschen oft sehr glücklich und optimistisch, da sie noch nicht mit den Herausforderungen und Schwierigkeiten des Erwachsenenlebens konfrontiert waren. Mit Beginn der 20er- und 30er-Jahre können Stress und Druck durch Arbeit, Beziehungen und andere Verpflichtungen zunehmen. Dies kann dazu führen, dass das Glücksniveau sinkt.

Vermutlich ist aber der größte Faktor, der Menschen im Erwachsenenalter unglücklicher werden lässt, dass man beginnt sich mit seinem Umfeld zu vergleichen. Soziale Medien wie Instagram, TikTok, Facebook und ähnliche Plattformen können daher schädlich für unser Wohlbefinden sein. Man wird bombardiert mit den glücklichen Momentaufnahmen anderer und fängt an sich zu vergleichen. Es ist kein Wunder, dass Depressionen und andere psychologische Erkrankungen seit der großen Verbreitung der sozialen Medien bei Teenagern und jungen Erwachsenen so zugenommen haben. Der ständige Vergleich kann uns neidisch und unglücklich machen. Gerade deshalb ist der Digitale Sabbat ein so starkes Werkzeug.

Wie sich aus der Grafik ablesen lässt, steigt das Glücksempfinden im mittleren Alter und darüber hinaus wieder an. Dies ist oft auf eine Reihe von Faktoren zurückzuführen, wie z. B. eine größere finanzielle Stabilität, ein ruhigeres Leben zu Hause und eine größere Weisheit und Perspektive, die durch Lebenserfahrung gewonnen wurde. Mit zunehmendem Alter kann es außerdem sein, dass sich die Menschen mehr auf ihre Beziehungen und ihre persönliche Erfüllung konzentrieren, was zu einem Anstieg des allgemeinen Glücksniveaus führt.

Was können wir also aus der Happiness Curve lernen? Erstens zeigt sie, wie wichtig es ist, sich im Alter auf persönliche Erfüllung und Beziehungen zu konzentrieren und welche positiven Auswirkungen dies auf unser allgemeines Glücksniveau haben kann. Zweitens erinnert sie uns auch daran, dass Glück und Lebenszufriedenheit keine Konstanten sind, sondern sich im Laufe unseres Lebens verändern und schwanken können. Dies kann uns helfen, unsere Erwartungen zu steuern und eine positive Einstellung zu bewahren, selbst in schwierigen Zeiten. Und zu guter Letzt, kann man aus der Happiness Curve lernen, sich nicht ständig mit anderen zu vergleichen.

?… *Vergleichst du dich zu oft mit anderen?*

„Wollen wir in Frieden leben,
muss der Friede aus uns selbst kommen."

- Jean-Jacques Rousseau

Sprich zu dir selbst mit Liebe. Lass dir von niemandem sagen, dass du es nicht verdient hättest, glücklich zu sein. Vor allem nicht von dir selbst. Behandle dich selbst wie deine beste Freundin oder deinen besten Freund. Wenn deine Freundin einen Fehler gemacht hat, zeigst du Verständnis und machst sie deswegen nicht fertig. Wenn deine Freundin einen schlechten Tag hat, tröstest du sie und verlangst nicht von ihr, sich zusammen zu reißen. Wenn deine Freundin unzufrieden mit sich ist, versuchst du, ihr ihre Stärken vor Augen zu führen. Stärke deine Selbstliebe, indem du dir sagst, was du an dir magst.

?... *Welche Eigenschaften magst du an dir?*

Über der Pforte der antiken Welt stand geschrieben: "Erkenne dich selbst". Über der Pforte unserer neuen Welt sollte geschrieben stehen: "Sei du selbst".

- Oscar Wilde

Kapitel 5

?

Fragen zum Thema Dankbarkeit

Sei dankbar für die Dinge, die du hast, anstatt dich mit den Dingen zu beschäftigen, die du nicht hast. Dies kann dir helfen, die guten Dinge in deinem Leben zu schätzen und eine positivere Einstellung zu bekommen. Auch wenn dir gewisse Dinge im Leben fehlen, darfst du alles andere genießen.
Verliere niemals den Spaß und die Freude am Leben. Wir lenken unsere Energie viel zu oft auf das, was wir nicht haben, nicht können oder nicht wissen.
Wir sehen nur den Mangel, aber nicht das Positive, das zweifelsfrei da ist.

?... *Fühlst du dich manchmal unglücklich oder unerfüllt, obwohl es viele Dinge gibt, für die du dankbar sein kannst?*

„Du sollst dankbar sein für das Geringste, und du wirst würdig sein, Größeres zu empfangen."
- Thomas von Kempen

Wenn du dich auf die Dinge konzentrierst, für die du dankbar bist, kann dies dazu beitragen, deine Perspektive zu verändern. Nimm dir jeden Tag etwas Zeit, um über die Dinge nachzudenken, für die du dankbar bist, und versuche, eine Haltung der Dankbarkeit zu kultivieren.

?... *Wofür bist du dankbar?*

Ist das Glas halb voll oder halb leer? Sei dir bewusst darüber, dass du deine Perspektive bestimmst. Du entscheidest, ob du verstärkt Negatives oder Positives wahrnimmst. Wenn man bewusst das Gute wahrnimmt, spürt man Dankbarkeit, die glücklich macht.

„Dankbarkeit ist die schönste Blüte, die der Seele entspringt."
- Henry Ward Beecher

Lebe im Moment: Dankbarkeit ist oft damit verbunden, im Augenblick präsent zu sein und die guten Dinge im Leben zu würdigen, während sie geschehen.

Versuche im Alltag achtsam und präsent zu sein, und achte auf die kleinen Dinge, die dir Freude und Glück bringen. Sei dankbar für das, was du bereits hast.
Sei dankbar für die Menschen oder Tiere, die für dich da sind. Sei dankbar für jeden Moment, der dir Freude macht und dich lächeln lässt. Es gibt so viele Schönes um dich herum und vor allem in dir drin.

*„Da wird es hell in unserem Leben, wo man für das Kleinste danken lernt." - Friedrich von Bodelschwing*h

Sag anderen, dass du ihnen dankbar bist. Viele denken, die anderen wüssten schon von allein, dass man ihnen dankbar ist. Deshalb wird ein Dank oft nur empfunden, aber nicht ausgesprochen. Dabei kann man jemanden so glücklich machen, wenn man ihnen dankt.
Wie oft vermittelst du anderen Menschen, dass du ihnen dankbar bist?

?... *Sagst du den anderen oft genug, dass du ihnen dankbar bist?*

„Viele Missverständnisse entstehen dadurch, dass ein Dank nicht ausgesprochen, sondern nur empfunden wird.“ - Ernst R. Hauschka

Man kann auch dankbar sein für das, was nicht mehr da ist. Wir sind traurig, dass Familienmitglieder oder Freunde von uns gegangen sind, aber auch unglaublich dankbar dafür, was sie für uns getan haben.

?... *Bist du auch manchmal dankbar für etwas, das nicht mehr da ist?*

Wessen Tod hat dich am meisten berührt?

Eine der besten Möglichkeiten, Dankbarkeit zu kultivieren, besteht darin, sie zu einer regelmäßigen Übung zu machen. Nimm dir jeden Tag etwas Zeit, um über die Dinge nachzudenken, für die du dankbar bist und schreibe sie in einem Tagebuch auf oder teile deine Gedanken jemandem anderen mit.
Dies kann dazu beitragen, deine Perspektive zu verändern und dir die guten Dinge in deinem Leben bewusster zu machen.

„Der hat am meisten, wer am meisten zufrieden mit dem wenigsten ist." - Diogenes

?… *Bist du dankbar für dein Leben?*

„Vergiss nicht - man benötigt nur wenig, um ein glückliches Leben zu führen."

- Marc Aurel

Fragen zum Thema Dankbarkeit

Kapitel 6

?

Fragen zum Thema Achtsamkeit

Achtsamkeit bedeutet, im Augenblick präsent zu sein und auf deine Gedanken und Gefühle zu achten, ohne sie zu bewerten. Dies kann ein hilfreiches Instrument zur Bewältigung von Stress und Angst sein. Versuche, Achtsamkeit in deinen Tagesablauf einzubauen, z. B. durch Meditation, Tagebuchschreiben oder indem du dir einfach ein paar Augenblicke Zeit nimmst, um dich auf deinen Atem zu konzentrieren und im Augenblick präsent zu sein.

?... *Wie schwer fällt es dir, im Augenblick präsent zu sein, und nicht an gestern oder morgen zu denken?*

Verbringst du manchmal zu viel Zeit damit, sich über die Zukunft Sorgen zu machen, statt das Hier und Jetzt zu genießen?

„Ich glaube daran, HEUTE zu leben. Nicht gestern und nicht morgen. – Lorette Young"

„Es gibt nur zwei Tage im Jahr, an denen man nichts tun kann. Der eine ist Gestern, der andere Morgen. Dies bedeutet, dass heute der richtige Tag zum Lieben, Glauben und in erster Linie zum Leben ist."

- Dalai Lama

Achtsamkeit bedeutet, sich bewusst auf sich selbst oder eine bestimmte Sache zu fokussieren und nicht mehrere Dinge gleichzeitig im Kopf zu haben. Erlaube dir selbst, einen Schritt nach dem anderen anzugehen, anstatt so viel wie möglich auf einmal zu schaffen.

?... *Kannst du dich gut auf eine Sache konzentrieren?*

Wenn du isst, schaust du währenddessen Fernsehen, liest du oder hörst du Musik? Oder hast du immer dein Smartphone neben dir?

Entscheide dich für ein achtsames Leben. Für ein achtsames Leben musst du nichts Besonderes können, brauchst keine drei Stunden extra am Tag und du kannst sofort loslegen. Das Einzige, was es braucht, ist eine bewusste Entscheidung für mehr Achtsamkeit im Alltag.

„Die Zeit vergeht nicht schneller als früher, aber wir laufen eiliger an ihr vorbei.“ - George Orwell

„Es gibt Wichtigeres im Leben, als beständig dessen Geschwindigkeit zu erhöhen." - Mahatma Gandhi

Nimm dir Zeit für dich. Die Jahre vergehen wie im Flug, aber oft leben wir so, als hätten wir alle Zeit der Welt.

?... ***Bist du dir der Zeit bewusst, die du hast? Und wie du sie nutzt?***

„Gönne dir einen Augenblick Ruhe und du begreifst, wie närrisch du herumgehastet bist. Lerne zu schweigen und du merkst, dass du zu viel geredet hast. Sei gütig und du siehst ein, dass dein Urteil über andere allzu hart war." - Tschen Tschin

Erkenne deine Routinen. Duschen, Zähneputzen, den Morgenkaffee genießen und Frühstücken. Nimm dir eine deiner Alltagsgewohnheiten vor und zelebriere sie ganz bewusst und langsam. Aus der Vergangenheit können wir lernen. In der Zukunft liegen unsere Ziele und Wünsche. Aber leben sollten wir in der Gegenwart.

Beginne jeden Morgen mit einem guten Gedanken!"
- Carl Hilty

„Gib jedem Tag die Chance, der Schönste deines Lebens zu werden."
- Mark Twain

Kümmere dich um dich selbst: Achte darauf, dass du ausreichend schläfst, dich gesund ernährst und dich regelmäßig körperlich betätigst. Nimm dir außerdem Zeit für Aktivitäten, die dir helfen, dich zu entspannen und Stress abzubauen.

?... *Wie kannst du dich am besten entspannen?*

Wann hast du zuletzt einen ganzen Tag lang nichts gemacht?

„Man sollte nie so viel zu tun haben, dass man zum Nachdenken keine Zeit mehr hat."
- Georg Christoph Lichtenberg

Eine halbe Stunde Meditation ist absolut notwendig,
außer, wenn man sehr beschäftigt ist,
dann braucht man eine ganze Stunde.“

- Franz von Sales

Meditation and Achtsamkeit

Meditation und Achtsamkeit sind zwei Praktiken, die Hand in Hand gehen. Obwohl sie nicht genau dasselbe sind, ist Meditation ein effektiver Weg, um deine Achtsamkeit im täglichen Leben zu erhöhen und dein allgemeines Wohlbefinden zu verbessern.

Ein Grund dafür ist, dass Meditation uns helfen kann, uns unserer selbst bewusster zu werden. Wenn wir meditieren lernen wir, unsere Gedanken und Gefühle zu beobachten, ohne uns in ihnen zu verfangen.
Dies kann uns dabei helfen, uns von gewohnheitsmäßigen Denk- und Reaktionsmustern zu befreien, die uns im Leben zurückhalten können. Man konzentriert sich auf das Sein. Das Hier und Jetzt ist der volle Fokus. Vergangenheit und Zukunft werden für einen Moment ausgeblendet. Meditation ist somit ein Training für die Seele und den Verstand, wie Gewichtheben das Training für den Körper ist.

Wenn wir meditieren, aktivieren wir das parasympathische Nervensystem, das dazu beiträgt, uns zu beruhigen und Stress abzubauen. Dies kann einen tiefgreifenden Einfluss auf unsere allgemeine Gesundheit und unser Glück haben.
Wenn wir meditieren, lernen wir, mit unseren eigenen Gedanken und Gefühlen präsenter zu sein, was uns helfen kann, die Erfahrungen anderer zu verstehen. Wir entwickeln mehr Mitgefühl und die Beziehungen

zu den Menschen in unserem Leben werden intensiviert.

Schließlich ist Meditation wichtig, weil sie uns helfen kann, ein Gefühl für den Sinn des Lebens zu entwickeln. Wenn wir meditieren, entwickeln wir ein tieferes Bewusstsein und es entsteht eine tiefere Verbundenheit mit dem gesamten Universum, die uns helfen kann, unseren Platz in der Welt klarer zu sehen. Zudem können wir einen größeren Sinn und Zweck in unserem Leben finden und dies trägt dazu bei, mit mehr Absicht und Reflexion zu leben.

?... *Ist Meditation ein Bestandteil deines Lebens? Hast du schon mal versucht zu meditieren? Wie ging es dir danach?*

Kapitel 7

?

Fragen zu deiner Zukunft

Meine Zukunft

In diesem letzten Kapitel soll es um deine Zukunft gehen.

Nimm dir Zeit, dich mit deinen Wünschen und Träumen auseinanderzusetzen. Überlege, was dir wichtig ist im Leben, und wie du es umsetzen kannst. Vertraue deiner Intuition. Lass dich bei deinen Zukunftsplänen nicht von der Meinung anderer beeinflussen. Natürlich kannst du Familie und Freunde um Rat fragen, aber schlussendlich zählt, was du willst. Es ist schließlich dein Leben.

„Tu, was DU, für richtig hältst, denn es wird immer jemanden geben, der anders denkt."
- Michelle Obama

Bleib dir selbst treu. Wenn du deinen Werten und Bedürfnissen folgst und nach deinen eigenen Überzeugungen handelst, wirst du mit dem Ergebnis zufrieden sein.

?... *Wie soll dein Leben in zehn Jahren aussehen?*

Wie sieht dein perfekter Tag aus?

Was würdest du tun, wenn Geld keine Rolle spielen würde?

Es ist nie zu spät – nie zu spät, von vorn anzufangen und glücklich zu sein. Im Laufe der Zeit verändern wir uns. Auch unsere Wünsche und Bedürfnisse verändern sich. Daher ist es wichtig, von Zeit zu Zeit sich zu überlegen:

?... *Gestalte ich mein Leben nach meinen Vorstellungen?*

Gibt es etwas, das ich ändern möchte?

Erfolg heißt, sich selbst zu mögen. Zu mögen, was man tut und wie man es tut. Für jeden bedeutet Erfolg etwas anderes. Wir alle haben unterschiedliche Vorstellungen darüber, was heißt erfolgreich zu sein.

?... *Wann bist du stolz auf etwas?*

Wann fühlst du dich erfolgreich?

Genieße die begrenzte Zeit, die du hast und verschwende nicht das Geschenk des Lebens. Immer wieder bieten sich tolle Chancen in unserem Leben: Eine aufregende Reise, interessante Menschen, ein spannendes Projekt. In solchen Momenten sollten wir nicht aus den falschen Gründen zögern. Also hol dir, was du willst. Was andere über uns denken und sagen, zählt weniger als unser Glück.

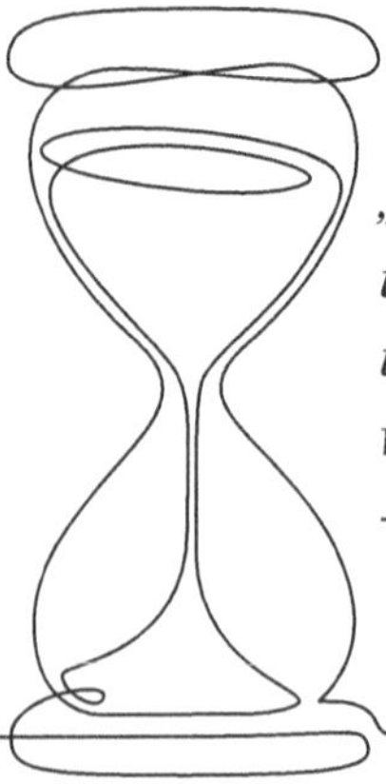

„Welch kleines Teilchen der unendlichen und unermesslichen Zeit ist jedem von uns zugemessen, und wie plötzlich wird es wieder von der Ewigkeit verschlungen!“
- Marc Aurel

?... *Was möchtest du unbedingt irgendwann einmal besitzen?*

An welchen Orten willst du unbedingt irgendwann einmal sein?

In welche Länder möchtest du noch reisen?

Auch wenn es sich in schwierigen Momenten vielleicht manchmal anders anfühlt, hast du einen großen Einfluss auf die Menschen um dich herum.

Dein Leben ist wichtig. Überleg mal, wie oft du Familie, Freundinnen und Freunde unterstützt, indem du zuhörst und einfach nur für sie da bist?
Ebenso wichtig sind deine Handlungen. Es liegt an dir, wem und was du deine Zeit und Aufmerksamkeit widmest und wie du dein Geld ausgibst. Jede noch so kleine Tat hat das Potential die Welt ein klein wenig besser zu machen.

?... *Welches Gesetz würdest du einführen, wenn du in der Regierung sitzen würdest?*

Was wünschst du dir für die Menschheit?

„Sei du selbst die Veränderung,
die du dir wünschst für diese Welt."

- *Mahatma Gandhi*

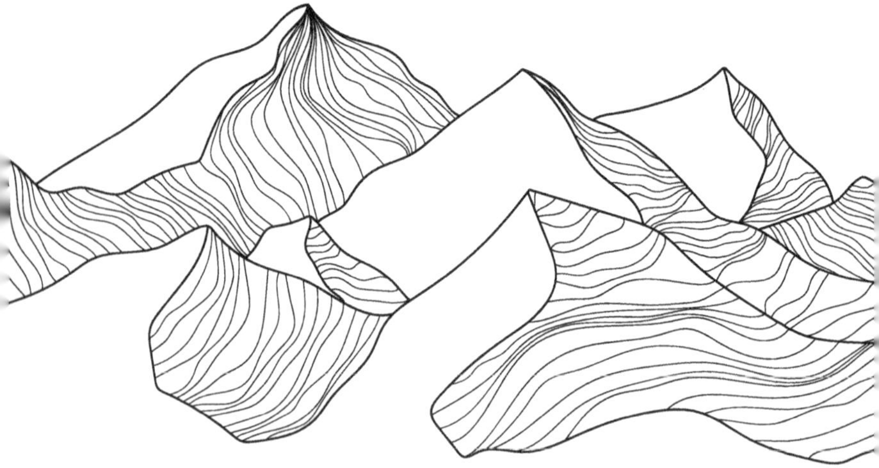

Die Welt zu einem besseren Ort zu machen, kann für jeden etwas anderes bedeuten, aber im Allgemeinen bedeutet es, auf positive Veränderungen hinzuarbeiten, die nicht nur uns selbst, sondern auch anderen zugutekommen.

Dazu können Dinge wie Freiwilligenarbeit, Spenden an Wohltätigkeitsorganisationen, das Eintreten für soziale Gerechtigkeit oder einfach ein freundliches und mitfühlendes Verhalten gegenüber anderen gehören. Die Welt zu einem besseren Ort zu machen, kann ein lohnendes und erfüllendes Unterfangen sein, zu dem jeder von uns auf seine eigene Weise beitragen kann.

Motivation zu finden, kann manchmal schwierig sein, aber es gibt ein paar Dinge, die du versuchen kannst, um dich zu motivieren:

1. Setze dir klare Ziele: Klare, spezifische und erreichbare Ziele zu haben, kann Motivation und Orientierung bieten. Nimm dir etwas Zeit, um darüber nachzudenken, was du erreichen willst. Erstelle dann einen Plan, wie du deine Ziele erreichen kannst.

2. Unterteile deine Ziele in kleinere Schritte: Große, abschreckende Ziele können überwältigend und demotivierend sein. Versuche stattdessen, deine Ziele in kleinere, leichter zu bewältigende Schritte

aufzuteilen. Dies kann dir helfen, Fortschritte zu machen und sich motivierter zu fühlen.

3. Finde etwas, für das du dich begeistern kannst: Dinge zu tun, für die du dich begeisterst, kann eine große Motivationsquelle sein. Finde die Dinge, die dich wirklich interessieren und die dir einen Sinn geben.

4. Umgebe dich mit Menschen, die dich unterstützen: Die Menschen, mit denen du Zeit verbringst, können einen großen Einfluss auf deine Motivation haben. Umgib dich mit Menschen, die dich unterstützen, positiv sind und dich ermutigen. Im Team hat man häufig mehr Motivation, als wenn man allein auf ein Ziel hinarbeitet.

?... *Was sind deine Ziele? Hast du einen Plan, zumindest in deinem Kopf, der dir dabei hilft, deine Ziele zu erreichen?*

Die Motivation kommt oft von allein, wenn wir anfangen zu TUN. Also wage den ersten Schritt. Warte nicht auf eine bessere Gelegenheit oder andere Umstände. Jetzt ist der beste Zeitpunkt, um anzufangen.

Für viele Menschen ist ein großes Ziel glücklich zu sein, zu werden oder zu bleiben. Glücklichsein ist eine Entscheidung. Je mehr du dich auf das konzentrierst, was dich glücklich macht, desto weniger vermisst du das, was nicht da ist. Glücklichsein beginnt mit Dankbarkeit.

Der größte Feind des Glücks sind negative Gedanken. Sie fressen dich auf. Sie sind es, die Depressionen antreiben. Sie stehlen dein Lächeln. Sie machen dich nervös, besorgt. Sie bringen Aggression und Konflikte mit sich.

Laut einer Studie haben wir täglich etwa 50.000 Gedanken. Rund 80 % unserer Gedanken sind negativ. Natürlich haben auch negative Gedanken ihren Platz, aber fast jeder würde zustimmen, dass 80% nicht nach einem gesunden Anteil klingen.

Die meisten unserer negativen Gedanken beruhen laut Forschungsergebnissen auf folgenden vier Ursachen. Indem wir uns ihrer bewusst sind, können wir die Anzahl negativer Gedanken reduzieren und ein glücklicheres Leben führen.

1. Bedauern der Vergangenheit

- *„Wenn ich das nur etwas früher gemacht hätte..."*
- *„Ich hätte auf ihn hören sollen und es wäre viel besser gewesen..."*
- *„Ich bereue, dass ich das gemacht habe..."*

Wir müssen verstehen, dass wir aus der Vergangenheit lernen und nicht in ihr leben sollen. Habe Verständnis mit dir selbst: Wenn du hart mit dir selbst ins Gericht gehst, kann es dir schwerfallen, Risiken einzugehen und mutig zu sein. Versuche stattdessen, freundlich und verständnisvoll mit dir selbst umzugehen. Erinnere dich selbst daran, dass es in Ordnung ist, Fehler zu machen, und dass du aus ihnen lernen kannst.

2. Angst vor der Zukunft

- *„Was, wenn ich versage?"*
- *„Was, wenn ich meinen Job verliere?"*

Indem wir diese Art von Fragen stellen, leiten wir unseren Geist dazu, sich in einem negativen Kreislauf zu drehen und die Freude am gegenwärtigen Moment zu verlieren.

3. Ungesunde Vergleiche

In einer Welt der sozialen Medien ist es noch einfacher geworden, uns mit anderen zu vergleichen. Es gibt immer jemanden der schöner, reicher oder berühmter ist. Wir fühlen uns schlecht und konzentrieren uns zu sehr auf das, was uns angeblich fehlt, anstatt mit dem glücklich zu sein, was wir haben. Vergleiche dich nur mit dir selbst und nicht mit anderen. Wir alle haben unterschiedliche Voraussetzungen, Lebensumstände und Talente. Wir sind alle einzigartig und daher unvergleichlich.

?... *Vergleichst du dich zu oft mit anderen?*

4. Schuld

- *„Ich habe mit dem Sport aufgehört, weil du nicht mehr mitkommst..."*
- *„Du bist schuld, dass mir das passiert ist..."*

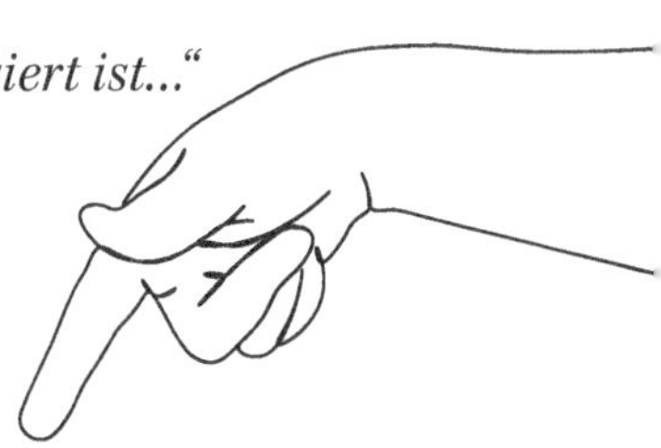

Anderen die Schuld für alles zu geben kann eine niemals endende Quelle für negative Gedanken sein. Egal ob wir anderen die Schuld zu Recht oder zu Unrecht geben: Wir müssen damit aufhören und uns auf das konzentrieren, was wir selbst kontrollieren können.

Erkenne deine Ängste und stelle sie in Frage:
Nimm dir etwas Zeit, um darüber nachzudenken, was dich verängstigt oder unsicher macht. Sobald du weißt, was deine Ängste sind, versuche, sie in Frage zu stellen, indem du dich fragst, ob sie in der Realität begründet sind oder ob es sich nur um einschränkende negative Glaubenssätze handelt.

?... *Was sind deine größten Ängste? Wie kannst du sie überwinden oder zumindest besser mit ihnen klarkommen?*

Mache kleine Schritte: Mut bedeutet nicht immer, große, kühne Taten zu vollbringen. Manchmal reicht es schon aus, kleine Schritte außerhalb der eigenen Komfortzone zu machen. Beginne mit Dingen, die dir ein wenig Unbehagen bereiten und arbeite dich allmählich an größere Herausforderungen heran.

„Trau dich, du zu sein.“

Schlusswort

!

Vielleicht ist dir aufgefallen, dass die Themengebiete Glück, Dankbarkeit, Selbstliebe und Achtsamkeit viele Überschneidungen haben und sich einiges ähnelt. All diese Dinge beginnen mit einer Entscheidung: Du kannst dich dafür entscheiden glücklicher und dankbarer zu sein. Du kannst dich dafür entscheiden, dich selbst zu lieben und achtsamer durch die Welt zu gehen. Jede Handlung beginnt mit einem Gedanken, einer Entscheidung, die nur du kontrollierst.

Mach dir bewusst, dass du die Kontrolle über dein Gefühlsleben hast. Natürlich beeinflussen äußere Umstände unsere Gedankenwelt. Natürlich kann man manchmal Pech im Leben haben oder die falschen Leute kennen lernen. Das ändert aber nichts daran, dass du deine Zukunft aktiv gestalten kannst. Willst du glücklicher werden? Willst du dich selbst akzeptieren, so wie du bist, mit all deinen Stärken und Schwächen? Willst du dankbar sein, auch für die kleinen Dinge im Leben und dich weniger beschweren? Willst du irgendwann auf ein erfülltes Leben zurückblicken? Du hast es in der Hand.

Ich hoffe, dass der eine oder andere Gedanke dein Herz erreicht hat und dich auf deinem Lebensweg begleiten wird. Was auch immer passiert, vergiss niemals, dass du einzigartig, liebenswert und wichtig für diese Welt bist. Und zwar genauso wie du bist. Möge dieses Buch etwas mehr Leichtigkeit in dein Leben bringen. Wir sollten aufhören, uns ständig über Dinge und Menschen zu beschweren. Denn wenn wir uns tagtäglich beschweren, wie soll dann dein Leben leichter werden? Alles, was uns im Leben widerfährt, ist eine Chance stärker zu werden. Das Leben wird vorwärts gelebt und rückwärts verstanden.

„Wohin du auch gehst, geh mit deinem ganzen Herzen."
– Konfuzius

Notizen

Impressum

Autorin wird vertreten durch: Wupi Dupi FZ-LLC
Academic Zone01-Business Center 5,
RAKEZ Business Zone-FZ, RAK, UAE
Jahr der Veröffentlichung: 2023
Verantwortlich für den Druck: Amazon
101 Fragen an dich slebst
ISBN: 9798377792352
1. Auflage 2023
© 2023, Alina Roth & Wupi Dupi FZ-LLC

Das Werk, einschließlich seiner Teile, ist urheberrechtlich geschützt. Jede Verwertung ist ohne Zustimmung des Herausgebers unzulässig. Alle Rechte, insbesondere das Recht der Vervielfältigung und Verbreitung sowie die Übersetzung, vorbehalten. Kein Teil des Werkes darf in irgendeiner Form (durch Fotokopie, Mikrofilm oder ein anderes Verfahren) ohne schriftliche Genehmigung des Verlages reproduziert oder unter Verwendung elektronischer Systeme gespeichert, verarbeitet, vervielfältigt oder verbreitet werden.

Printed in France by Amazon
Brétigny-sur-Orge, FR

21482329R00060